LA RELIGION EN ACTION
THÉATRE DE LA JEUNESSE.

Drames. — Pastorales. — Comédies-Vaudevilles
Chants pour distributions de prix
Fêtes des Supérieurs et autres solennités.

CLOTILDE

OU LA CONVERSION DES FRANCS

DRAME EN TROIS ACTES

PAR

M. L'ABBÉ ESTÈVE

AUMONIER DU LYCÉE DE POITIERS, OFFICIER DE L'INSTRUCTION
PUBLIQUE, CHEVALIER DE LA LÉGION D'HONNEUR.

POITIERS
OUDIN, LIBRAIRE-ÉDITEUR,
RUE DE L'ÉPERON, 4.
1864

LA RELIGION EN ACTION
THÉATRE DE LA JEUNESSE.

*Drames. — Pastorales. — Comédies-Vaudevilles
Chants pour distributions de prix
Fêtes des Supérieurs et autres solennités.*

CLOTILDE

OU LA CONVERSION DES FRANCS

DRAME EN TROIS ACTES

PAR

M. L'ABBÉ ESTÈVE

AUMONIER DU LYCÉE DE POITIERS, OFFICIER DE L'INSTRUCTION
PUBLIQUE, CHEVALIER DE LA LÉGION D'HONNEUR.

POITIERS
HENRI OUDIN, LIBRAIRE-ÉDITEUR,
RUE DE L'ÉPERON, 4.
1864

PERSONNAGES.

CLOTILDE, épouse de Clovis, roi des Francs.
LANTHILDE,
ALBOFLÈDE, } sœurs de Clovis.
BERTRADE, jeune personne élevée à la cour.
GENEVIÈVE, bergère des environs de Paris.
VELLÉDA, prêtresse des faux dieux.
ELBRIDGE,
CALLISTA,
AURÉLIA, } Suivantes de la reine.
CLAUDIA,
IDUNNA, suivante de Velléda.

Plusieurs autres jeunes chrétiennes protégées de la reine et formant le CHOEUR.

PROLOGUE.

Touché de ce qu'il avait appris des grâces et des vertus de Clotilde, nièce du roi des Bourguignons, Clovis, roi des Francs, la fit demander en mariage à son oncle.

Plus effrayé que satisfait d'une pareille démarche, Gondebaud n'osa cependant refuser la princesse à un monarque dont l'épée victorieuse aplanissait rapidement tous les obstacles. Clovis reçut dans sa jeune épouse un trésor dont il ne devait que plus tard apprécier toute la valeur. Quoique élevée dans une cour arienne, Clotilde était catholique, fervente, et la sainteté de sa vie répondait à la pureté de sa foi. Néanmoins le souvenir du massacre de presque tous les membres de sa famille, tombés sous les coups du cruel et ambitieux Gondebaud, entretenait dans son cœur des plaies toujours saignantes que la religion seule était capable d'adoucir. D'un caractère naturellement vif et presque emporté, elle eut besoin de tous les secours de la grâce divine pour ne pas céder au désir d'une vengeance que lui facilitait sa position nouvelle et si élevée. Après avoir triomphé des perfides suggestions des Ariens tout-puissants à la cour de Bourgogne, Clotilde se trouvait en face d'un paganisme multiple, germain, gaulois, romain, faisant alors cause commune avec la grande hérésie contre la divinité et l'extension du règne de Jésus-Christ. Les vieilles forêts de la Gaule abritaient toujours les mystères sanglants du culte druidique. Cette sorte d'idolâtrie homicide n'avait pas cessé d'entretenir des émissaires, qui parfois s'agitaient avec violence autour de Clovis, dans la crainte qu'il n'échappât au joug de la superstition. Cependant Clotilde, maîtresse du cœur de son époux, le détachait insensiblement du culte des idoles et lui inspirait le désir de connaître le vrai Dieu.

Les alternatives cruelles qui mirent à de si rudes épreuves le cœur de la mère et de l'épouse ne purent la détourner de sa sublime entreprise. Il se présenta enfin une de ces circonstances décisives évidemment ménagées par la Providence dans l'intérêt de sa gloire et du triomphe de la vérité. Les Français étaient aux prises avec les Allemands dans les plaines de Tolbiac; s'apercevant que la résistance opiniâtre de l'ennemi commençait à décourager les siens, Clovis se ressouvint des conseils de son épouse : « Dieu de Clotilde, s'écria-t-il, « si vous me rendez victorieux, je n'aurai plus d'autre « Dieu que vous. » Le succès répondit à cette royale confiance, et le prince victorieux ne tarda point à accomplir sa promesse. Il reçut le baptême des mains de saint Remy, évêque de Reims; plusieurs personnes de la famille de Clovis et la plupart des officiers de son armée suivirent son exemple. Cette haute impulsion une fois donnée, la nation tout entière se fit un devoir de marcher sur les traces du fier Sicambre.

A partir de cette époque, célèbre dans les annales du christianisme, la France, la vraie France, n'a cessé de mériter et de porter le beau titre de fille aînée de l'Eglise, surnom glorieux que lui ont justement acquis la science de ses grands hommes et les exploits protecteurs de ses guerriers.

(An de Jésus-Christ 496.)

CLOTILDE

OU LA CONVERSION DES FRANCS.

ACTE PREMIER.

SCÈNE PREMIÈRE.

ALBOFLÈDE (*seule*).

Que je tarde à savoir de ses chères nouvelles !
Le ciel, le juste ciel, à nos peines cruelles
Voudra-t-il mettre un terme ou bien les prolonger ?
Pénible incertitude, en face d'un danger
Qui peut à chaque instant détruire l'espérance
Dont les rayons doraient l'avenir de la France !
Je tremble... ne pouvant m'expliquer la lenteur,
Accablante pour moi, du retour de ma sœur.
Plus fidèle à tenir une chose promise,
Quand je suis à mon tour près du malade admise,
J'informe qui m'attend de tout ce que je vois.
Elle est moins délicate... Enfin, je l'aperçois.

SCÈNE II.
LA MÊME, LANTHILDE.

ALBOFLÈDE.

Eh bien! dites, ma sœur, nous reste-t-il encore
Quelque espoir d'arracher au mal qui qui le dévore
Notre enfant bien-aimé, le jeune Clodomir,
Que nul ne peut assez contempler et chérir?

LANTHILDE.

Le calme a remplacé les transports du délire,
Et moins péniblement sa poitrine respire.
Comme une jeune fleur que l'orage courbait,
Sa tête sur mon sein mourante retombait.
Déjà, pour éviter une terrible scène,
Je priais, du regard, qu'on éloignât la reine,
Quand tout à coup Clotilde a poussé vers le ciel
Un de ces cris que seul jette un cœur maternel.
Dès ce moment, j'ai vu s'écarter le nuage,
Et bientôt ne laisser de son cruel passage
Qu'une trace légère et cet air de langueur
Qu'imprime sur le front un excès de labeur;
Et si quelque danger subsiste encor, peut-être,
Il ne saurait, je crois tarder à disparaître.

ALBOFLÈDE.

Puisqu'il rend ce trésor qui charme tous les cœurs,
Oh! remercions Dieu du plus grand des bonheurs!

LANTHILDE.

Oui, d'un bonheur plus grand qu'on ne saurait le dire,
Car, si, malgré nos soins, ce cher petit expire,

Clovis, encor païen, prétendra de nouveau
Qu'à l'enfant qu'on baptise on creuse son tombeau ;
Vous savez son courroux, son désespoir extrême,
Quand le tendre Ingomer, au sortir du baptême,
Trouva le ciel si beau qu'il ne put consentir
A vivre sur la terre et préféra mourir!

ALBOFLÈDE.

Il était de ces fleurs dont Dieu fait sa couronne
Et qu'au séjour terrestre un moment il ne donne
Que pour les rappeler bientôt auprès de lui.
O Dieu, que tant de voix implorent aujourd'hui,
Ne nous condamnez pas au sort le plus funeste ;
Vous prîtes le premier : que le second nous reste!

SCÈNE III.

LES MÊMES, CLOTILDE, LE CHŒUR.

CLOTILDE.

Merci de ces aveux que le Ciel entendit ;
Mon ange m'est rendu, Clodomir me sourit...
Tant de bonheur soudain c'est à me rendre folle!
Je cours, je chante et ris. Ah! la faible parole
Ne saurait exprimer ce que mon cœur ressent ;
Et, tenez, malgré moi, je murmure le chant
Que m'avait inspiré cette chère et douce âme.

ALBOFLÈDE.

Nous-mêmes vous prions de redire, Madame,
Ce chant qui peint si bien toute votre amitié
Pour l'enfant qu'avec vous nous aimons de moitié!

CLOTILDE (*elle chante*).

J'ai moins aimé la brise printanière,
Qui, parcourant les bois, les pré fleuris,
M'en rapportait sur son aile légère
De chers parfums dignes du paradis.
J'ai moins aimé, belle et riche nature,
De tes tableaux l'aspect riant et doux
Que cet enfant dont la bouche murmure :
Pour m'embrasser, ma mère, penchez-vous...

LE CHŒUR.

Anges, qui l'appeliez dans vos riches demeures,
Laissez-le se jouer sur le sein maternel ;
Au lieu de les hâter ralentissez les heures
Qu'il doit ici couler avant d'aller au ciel !

CLOTILDE.

J'ai moins aimé la tendre poésie
Dont les accords frémissaient sous mes doigts,
J'ai moins aimé l'ineffable harmonie
Coulant à flots d'une angélique voix ;
J'ai moins aimé, quand j'étais jeune fille,
Les oiseaux bleus dont je rêvais la nuit ;
J'ai moins aimé tout ce qui chante et brille
Que cet enfant dont le regard me suit...

LE CHŒUR.

Anges, ne moissonnez des fleurs de notre terre
Que celles qui n'ont point de soleil ici-bas,
Ne prenez que l'enfant dont les bras d'une mère
N'ont jamais réchauffé les membres délicats.

CLOTILDE.

J'ai moins aimé tout ce qu'il faut qu'on aime
Sur cette terre et presque dans le ciel.
Dieu tout-puissant, pardonnez ce blasphème;
Si c'en est un, c'est le moins criminel.
Gardez que même un passager nuage
Se pose au front qui s'éclaire aujourd'hui,
Ainsi toujours s'accroîtra davantage
Le cher espoir qui repose sur lui.

LE CHŒUR.

Anges qui vous jouez au sein de la lumière,
De ces globes de feu que vous éclipsez tous,
Ne nous enviez pas nos anges de la terre,
Tant d'autres par milliers rayonnent avec vous!

LANTHILDE (à *Clotilde*).

Dieu qui vous destina le rôle d'un apôtre
Vous accorde un crédit plus grand que n'est le nôtre;
Pour agir sur son cœur vous n'eûtes qu'à vouloir;
Vous seule avez mis fin à notre désespoir.

CLOTILDE.

Des éloges si grands ne sont dûs à personne,
Et, si je ne savais combien vous êtes bonne,
Oh! je vous en voudrais d'avoir, à votre tour,
Appris à me parler comme on parle à la cour.
Quand Dieu nous fait du bien ses faveurs sont gra-
[tuites,
Il ne les devait pas à nos faibles mérites

Gardons de l'oublier; aux yeux du vrai chrétien,
Dieu seul est tout-puissant et nous ne sommes rien.
Le ciel, en conservant une tête si chère,
A plutôt exaucé la vierge de Nanterre,
Geneviéve, aux vertus dignes des premiers temps,
Un ange qui s'est fait humble fille des champs :
Une mère, une sœur, pour toute âme qui pleure,
Et que nous pouvons même invoquer avant l'heure,
Où Dieu rappellera dans son palais d'azur
Ce beau lis de la Seine et si blanc et si pur!
Toute jeune, j'étais éprise de sa gloire,
Ma tante Aratèné m'en racontait l'histoire.
Dès l'âge le plus tendre, à Dieu vouant son cœur,
Geneviève appartint tout entière au Seigneur,
Et j'admirais comment l'innocente bergère,
Toujours fuyant le monde et ne songeant qu'à plaire
A l'époux souverain qui possédait son cœur,
Grandissait en vertu sous l'aile du Seigneur.
Plus forte qu'Attila, sa prière fervente
Eloigna de Paris la ruine imminente
Dont le fléau de Dieu semblait la menacer;
Torrent innoffensif, il ne fit que passer!
Puis quand les noirs poisons que distille l'envie
S'épanchèrent à flots sur cette belle vie
Dont Dieu seul fut toujours et la règle et l'espoir,
Ils furent impuissants à troubler le miroir
Où Dieu seul réflétait sa tranquille lumière.
Hélas! que je suis loin de ce beau caractère!
Le malheur m'a rendue irascible, et parfois
Le courroux me domine et fait trembler ma voix...

LANTHILDE.

Nous savons cependant combien le ciel vous aime.
Il aime la vertu qui s'ignore elle-même,
Et si des yeux chéris, déjà presque fermés,
Se sont comme un flambeau tout à coup rallumés,
Nous savons d'où nous vient une faveur si douce.

CLOTILDE.

Geneviève a tout fait; pour ma part, je repousse
Un honneur qui n'est dû qu'aux véritables saints.
Dieu peut avoir sur moi d'admirables desseins.
Dans la main de Clovis quand il plaça la mienne,
Quand il le mit aux pieds d'une femme chrétienne,
Peut-être voulut-il arracher ce pays
Au culte dégradant d'Hélénus et de Dis.
Sans cet espoir qu'en moi fit naître Geneviève,
Sans ce perpétuel et légitime rêve,
Sans les conseils pressés de l'Evêque Remi,
Sans les ordres formels de Germain son ami,
Aurais-je osé jamais, timide jeune fille,
Lutter contre un parent, bourreau de ma famille,
Et recevoir l'anneau que m'offrait Aurélien,
Au nom d'un roi puissant, mais barbare et païen?
Cependant l'avoûrai-je? au bruit de ses conquêtes
Qui des jours de combat faisaient des jours de fêtes,
Pour ces Francs qu'entraînait sa rapide valeur,
Je sentais, malgré moi, que j'avais du bonheur
A redire son nom, à parler de sa gloire :
Chacun de ses hauts faits, gravés dans ma mémoire,

S'y gardait comme on garde un trésor précieux!
Que votre sort, mes sœurs, me paraissait heureux?
Puis l'avoûrai-je encor? dans mon âme blessée
Vivait depuis longtemps, indomptable pensée,
Un désir de vengeance...... excusable, je crois...
J'ai vu fouler aux pieds les plus saintes des lois,
J'ai vu le meurtrier du plus aimé des pères,
Etreindre sans pitié, dans ses mains sanguinaires,
Ma mère et ses deux fils; enfin ce que j'aimais!...
Je l'ai vu s'avancer de forfaits en forfaits
Jusqu'au trône où gisaient nos dépouilles royales;
J'ai vu des cruautés qui n'ont point eu d'égales:
Ces souvenirs jamais n'ont déserté mon cœur.
Clovis était pour moi notre futur vengeur;
Pourtant loin d'exciter j'ai calmé sa colère,
Craignant pour mon époux les chances de la guerre;
Mais puisque de lui-même il poursuit l'assassin,
Je ne peux qu'approuver son généreux dessein;
Et le ciel jusqu'ici l'encourage lui-même,
Puisqu'il entend nos vœux, mes sœurs, puisqu'il
[nous aime,
Et que mon Clodomir menacé du trépas
Souriant et guéri m'a tendu ses deux bras,
Je veux qu'un prompt message en informe son père;
Que son cœur va jouir!...

SCÈNE IV.

LES MÊMES, BERTRADE.

BERTRADE.

Une femme étrangère
Qui ne dit pas son nom demande à vous parler,
Madame, et son dessein, sans doute, est de céler
A tout autre qu'à vous le motif qui l'amène;
Elle a le maintien noble et le port d'une reine!
Son front paraît cacher quelque profond souci,
Et quant à son costume, en deux mots, le voici :
On dirait le surtout d'une simple Gauloise,
Ceinture sans brillant, chapeau de villageoise
D'où tombent librement de beaux et noirs cheveux;
Dans l'une des deux parts de ces trésors soyeux
S'encadre sans apprêts son noble et doux visage,
Et l'autre à flots pressés descend sur le corsage;
Points d'atours empruntés, point d'autres ornements
Que de modestes fleurs, simples produits des champs,
Qui n'exigent pour croître aucune autre culture
Que les soins maternels fournis par la nature;
Nos vêtements de cour si riches, si pompeux
Sont d'un effet moins noble et moins harmonieux,
Et nos goûts raffinés en pareille matière
Font céder nos attraits à ceux d'une bergère.
Mais vous pleurez, Madame : aurais-je à votre cœur...

CLOTILDE.

Vite, faites entrer Geneviève, ma sœur!
Ou plutôt le conseil, l'appui de ma conduite;

Me serais-je attendue à sa chère visite ?
Mais partez donc enfin ! pourquoi tous ces retards ?

BERTRADE (*en sortant*).

Eh ! ne nous fâchons pas, vous le voyez, je pars.

SCÈNE V.

LES MÊMES, MOINS BERTRADE.

ALBOFLÈDE.

Contempler Geneviève, au grand cœur d'un apôtre,
Ce bonheur désiré va donc être le nôtre !

CLOTILDE.

Ecoutez... la voici, mes sœurs, préparons-nous,
Pour l'honorer ensemble, à tomber à genoux !

SCÈNE VI.

LES MÊMES, GENEVIÈVE, BERTRADE.

GENEVIÈVE.

Gardez-vous d'un tel acte impie et sacrilége.

(*Elle étend les mains pour les relever.*)

A Dieu seul appartient l'insigne privilége
D'un honneur trop voisin d'un culte criminel,
Quand il s'adresse à qui n'est pas le roi du ciel.

CLOTILDE.

Geneviève, longtemps par mon cœur attendue,
Soyez donc, mille fois, ici la bienvenue !

Venez jouir, ma sœur, du bonheur qui me vaut
Un crédit qui jamais ne se trouve en défaut,
Un crédit qui toujours plaide et gagne ma cause.

GENEVIÈVE.

Ce crédit trop vanté, ce n'est que peu de chose,
Dieu seul est votre appui, seul il faut le bénir;
Sa main seule a sauvé les jours de Clodomir.
Le péril était grand, je ne saurais le taire :
Bientôt vous en saurez, Clotilde, le mystère...
Ces détails pour vous seule..... Allez, chères enfants,
Entourer Clodomir de vos soins caressants.

BERTRADE (*en sortant*).

De tous ces grands secrets de haute politique
Je prends bien volontiers mon parti, sans réplique....

SCÈNE VII.

CLOTILDE, GENEVIÈVE.

CLOTILDE.

Excusez sa jeunesse et le droit qu'elle prend
D'avoir son franc parler sur tout ce qu'elle entend.

GENEVIÈVE.

Je vous aime, Clotilde, et c'est ce qui m'engage
A tenir un pénible, un sévère langage.

CLOTILDE.

Si mes fautes du ciel provoquent le courroux,
Oh! parlez, car je puis tout entendre de vous.

GENEVIÈVE.

A peine avais-je lu votre chère missive
Et de vos noirs chagrins la peinture si vive,
Que je sentis soudain tout mon être frémir,
Puis la voûte d'azur me parut s'entr'ouvrir !
Et je vis par-delà le ciel qui nous éclaire
D'autres cieux rayonnants d'une telle lumière
Qu'à côté le soleil me semblait ténébreux :
Au centre s'élevait un trône radieux,
Et de là tour à tour s'inclinant sur l'abîme
Les anges épanchaient le sang de la victime
Qui lave les forfaits dont l'auteur se repent.
D'innombrables ruisseaux de ce généreux sang
Couraient et fécondaient chacune des contrées
Qui du céleste bain paraissaient altérées ;
A peine avait-il bu les flots réparateurs
Que le sol se couvrait des plus suaves fleurs.
Hélas ! pourquoi faut-il qu'à ces douces images
Bientôt aient succédé les plus sombres nuages ?
Car l'un de ces ruisseaux de son cours détourné,
Par un cœur violent dans sa haine obstiné
Portait ailleurs le flot qui conserve et féconde :
Au bonheur succédait la tristesse profonde.
Je vis en ce moment un jeune enfant pâlir,
Sa tête se penchait comme prête à mourir.
Asmaël s'élançant pour recueillir son âme
Soudain fut arrêté.....

CLOTILDE (*avec vivacité*).

Par votre bras, Madame !

GENEVIÈVE.

Par le bras de celui qu'imploraient vos deux sœurs,
Le sursis accordé c'est un fruit de leurs pleurs,
Et je suis accourue, et je viens vous redire
Qu'aux justes vœux du ciel il faut enfin souscrire,
Vous gardant d'allumer de nouveau son courroux !
Réparez de grands torts, coupable, amendez-vous !

CLOTILDE.

Par quel crime ai-je donc attiré la colère
De qui frappe le fils pour atteindre la mère ?

GENEVIÈVE.

Clovis ne devait-il vous payer votre cœur
Qu'en perçant Gondebaud de son glaive vengeur !
Il s'agissait pour vous d'un tout autre douaire :
Vous demandiez qu'ouvrant les yeux à la lumière,
Votre époux acceptât le flambeau précieux
Que vous-même tenez des princes vos aïeux ;
Mais bientôt d'autres soins ont possédé votre âme,
Vous y laissez s'accroître une funeste flamme,
Un désir criminel, à vous même fatal,
De punir le coupable en rendant mal pour mal ;
Au lieu de les calmer, aveugle que vous êtes,
Vous soufflez dans les cœurs de cruelles tempêtes.

CLOTILDE.

Est-ce donc un devoir d'arrêter cette main
Qui poursuit justement un infâme assassin ?

GENEVIÈVE.

Mais entre l'assassin et l'atroce vengeance
Se plaçait une reine, un ange d'innocence :

C'est elle qui vous prit tremblante dans ses bras,
Et pour vous arracher, comme un autre Joas,
Au fer qui s'allongeait sur votre jeune tête
A recevoir la mort pour vous se montra prête !
Et puis, que d'autres soins maternels, incessants !
Que vous a-t-il manqué dans ses bras caressants ?
Avez-vous oublié votre ange tutélaire ?

CLOTILDE.

Ma tante Aratèné pour moi fut une mère,
Et tant qu'elle a vécu, fidèle à ses avis,
J'ai retenu l'élan de mon époux Clovis ;
Mais depuis que le ciel s'est refermé sur elle,
Je m'étais crue en droit de laisser l'étincelle,
Sommeillant jusqu'alors dans le fond de mon cœur,
Allumer ce grand feu qui déplaît au Seigneur :
Du moment qu'il le veut, il faut céder sans doute ;
Mais, Madame, songez à tout ce qu'il m'en coûte,
Songez à Gondebaud, rouge du sang des miens,
Méprisant et bravant les plus sacrés liens.
Ah ! je le vois toujours multipliant les crimes,
Entassant sous ses pieds d'innocentes victimes,
S'en formant des degrés pour monter au palais
Afin d'y consommer le cours de ses forfaits !
Ce souvenir me brise, et vous voulez encore,
Madame, que je tende au monstre que j'abhorre
Des mains qui ne pourraient le soustraire à des coups
Dont peut-être déjà l'a frappé mon époux...
Depuis que sous les siens mes frères et ma mère
Ont éprouvé le sort de mon malheureux père,

Faut-il vous l'avouer, le jour comme la nuit
Attachée à mes pas une ombre me poursuit ;
Je la vois, je l'entends qui, d'une voix plaintive,
Me reproche toujours ma vengeance tardive :
« Fille de Chilpéric, épouse d'un grand roi,
« Dirai-je encor longtemps : Venge-nous, venge-moi ! »
Jugez si tout mon sang de source bourguignonne
Dans mes veines alors et reflue et bouillonne !...

(Elle se jette dans un fauteuil.)

GENEVIÈVE.

L'imaginaire voix de ces fantômes vains
Ne saurait excuser de crimimels desseins ;
Les élus fortunés que la gloire couronne
Ne viennent demander la perte de personne,
Et ceux qui dans le ciel une fois sont admis
Ont dû tout oublior, excepté leurs amis :
Ils n'est que les démons qui conservent la haine...
N'ayez rien de commun avec eux, grande reine ;
Vous venger ? Je croyais votre cœur préparé
Pour un acte plus grand, plus doux et plus sacré :
L'un vous courbe au niveau d'une femme vulgaire,
Se laissant emporter aux flots de sa colère ;
Mais l'autre, que d'abord vous nous aviez promis,
Quand vous prîtes l'anneau, présent du roi Clovis,
Vous élevant enfin au dessus de vous-même,
Ornerait votre front du plus beau diadème
Qui jamais ait paré l'épouse d'un grand roi,
Saisir et porter haut le drapeau de la foi,

Et de ses plis vainqueurs envelopper la France ;
Bannir de votre cœur tout levain de vengeance
Pour être à la hauteur de cette œuvre de Dieu,
Oui, c'est là le seul noble et légitime feu
Qui devrait s'allumer dans votre âme chrétienne ;
Ce grand rôle va si bien au grand cœur d'une reine!
Et puis il faut songer aux jours de Clodomir.

CLOTILDE.

Je suis mère, Madame, et ne puis qu'obéir ;
Pourtant j'avais promis... O mon fils, que ta vie
Est mise à rude prix puisqu'il faut que j'oublie
Mon serment de venger mes parents et les tiens!

GENEVIÈVE.

Demandez au modèle adoré des chrétiens
La force et le secret d'un pareil sacrifice.
Avant de consommer son œuvre rédemptrice,
Jetant sur ses bourreaux des regards attendris,
C'est lui qui de pitié pour eux se trouva pris,
Et du haut de sa croix, rude et sanglante couche,
Il laissa le pardon s'échapper de sa bouche :
Le sang versé pour eux leur servit de rançon :
Qu'avez-vous à répondre après cette leçon ?

CLOTILDE.

Vous triomphez deux fois : je me repens ; de grâce,
Geneviève, parlez, que faut-il que je fasse ?

GENEVIÈVE.

Il faut que sur-le-champ adressée à Clovis
Une lettre de vous lui porte cet avis :

« Le ciel vous interdit tout acte de vengeance,
« Votre valeur ne doit servir qu'à la défense
« Des droits qu'ont méconnus ces milliers d'ennemis
« Que pour nous opprimer l'Allemagne a vomis;
« Marchez, et rejetez ces phalanges guerrières
« Sur l'autre bord du Rhin, par-delà nos frontières,
« Marchez, car le temps presse, et mon Dieu bénira
« Le glaive que Clovis en son nom brandira! »
    (*Clotilde se met immédiatement à écrire.*)
   GENEVIÈVE (*pendant qu'elle écrit*).
O Dieu, dont le vouloir ne connaît pas d'obstacles,
Toi dont la charité prodigue les miracles
Au front de chaque étoile où ton nom resplendit,
Protecteur de ces Francs que ta droite conduit,
Aux champs de Tolbiac donne-leur la victoire,
Et que le grand Clovis, pour te payer sa gloire,
S'incline, avec amour, au saint joug de ta loi ;
Qu'arboré de sa main l'étendard de la foi
Illumine à jamais de ses rayons célestes
Un peuple encore assis dans des ombres funestes!..
     CLOTILDE.
Geneviève, lisez : ai-je bien, selon vous,
Ecrit ce qu'il fallait mander à mon époux?
    GENEVIÈVE (*lisant*).
« Clovis, mon bien-aimé, ta Clotilde chérie
« T'ordonne au nom du Christ, arbitre de la vie,
« Et qui vient de la rendre à notre Clodomir,
« De suspendre tes coups, de cesser d'envahir
« Un pays qui n'est pas de ceux qu'il faut combattre.
« Le danger vient du nord, c'est lui qu'il faut abattre;

« C'est là qu'il faut porter le glaive défenseur
« Des droits qu'a profanés un barbare agresseur;
« De mes ressentiments la facile vengeance
« N'est pas digne du chef qui commande à la France!
« Mais au nom de tes dieux, ne va point exhorter
« Nos Francs; s'ils te semblaient un moment hésiter,
« Contre les ennemis ramène-les encore,
« En invoquant le Dieu que ta Clotilde adore;
« Il saura te montrer par d'éclatants secours
« Que du sort des combats seul il règle le cours. »

GENEVIÈVE (*après avoir lu*).

J'approuve de tous points, Clotilde, votre lettre;
Confiez-moi le soin de la faire remettre
A qui vous aime trop pour ne point obéir;
Vous, cependant, allez embrasser Clodomir.

(*Clotilde sort*).

GENEVIÈVE (*seule*).

Toujours grande, malgré le coup qui la terrasse;
Caractère emporté, mais dompté par la grâce,
La reine se vengeait, la chrétienne accomplit
Le devoir du pardon que son Dieu lui prescrit...
C'est bien là le plus vrai, le plus grand des courages!
Mais, que dis-je? Voici surgir d'autres orages!...
Que de sensibles coups! et qu'avant de fournir
Tous ses riches parfums, cette fleur doit souffrir!

ACTE DEUXIÈME.

SCÈNE PREMIÈRE.

BERTRADE, ELBRIDGE, AURÉLIA, CLAUDIA, CALLISTA.

BERTRADE.

Il s'est ici passé des choses singulières,
Les saintes ont parfois de terribles colères!

ELBRIDGE.

Chut! discrétion! il en faut au palais
Plus encore aujourd'hui qu'il n'en fallut jamais.

AURÉLIA.

Un seul mot imprudent soulève une tempête.

BERTRADE.

J'en crains peu les éclats qui respectent ma tête;
Car la reine qui m'aime et que moi j'aime aussi,
Envers et contre tous prend toujours mon parti.

CLAUDIA.

Je crains fort que Bertrade à la fin ne s'abuse.
A force de limer un diamant, on l'use.

CALLISTA.

Bertrade fera bien de ne plus répéter
Les mots que le hasard lui pourrait apporter.

ELBRIDGE.

Entre tous les défauts dont j'ai ma part, sans doute,
Au moins n'aurai-je pas celui de sœur Ecoute.

AURÉLIA.

Pourquoi s'embarrasser des affaires qu'autrui
Peut avoir des raisons de nous taire aujourd'hui.

BERTRADE.

Cependant, malgré moi, cette femme étrangère
M'intrigue; car, comment une simple bergère
Ose-t-elle parler d'un ton presque arrogant ?
Et paraître oublieuse à tel point de son rang
Qu'on dirait à la voir, et surtout à l'entendre,
Qu'au moindre de ses vœux tout doit ici se rendre ?
Je trouve que la reine, un peu fière parfois,
Descend de sa hauteur lorsqu'elle entend sa voix.
Geneviève commande et l'ordre s'exécute ;
Elle emporte un avis toujours de haute lutte,
Elle ordonne et soudain les courriers, s'il le faut,
S'écraseront vingt fois pour arriver plus tôt.

CLAUDIA.

Cette femme, tu sais, passe pour une sainte;
Ce titre apparemment donne droit de contrainte
Sur toute volonté, même celle des rois.

CALLISTA.

Traiter de tels sujets, c'est s'égarer, je crois,
Dans les sentiers glissants de la haute critique.

BERTRADE.

Adieu donc pour toujours, scabreuse politique;
Je ne veux plus songer qu'au bonheur de m'unir
Aux accents qui, bientôt, vont ici retentir.

CLAUDIA.

Le ciel en conservant une chère existence,
Nous a fait un devoir de la reconnaissance.

ELBRIDGE.

Et pour la témoigner, à défaut de talent
Nous mettrons notre cœur et le sublime élan
Qu'une nouvelle Esther communique autour d'elle.

AURÉLIA.

Jamais de ces beautés qu'abrite sa tutelle
Les chants n'auront traduit des sentiments plus doux
Tant est grand le bienfait que Dieu verse sur nous!

BERTRADE.

Alerte! ouvrez vos rangs; vite, voici la reine.

CLAUDIA.

Le transport désiré qui succède à sa peine
Rend plus touchant encor son aspect enchanteur.

CALLISTA.

Ses traits sont le miroir où se peint tout son cœur!

SCÈNE II.

LES MÊMES, CLOTILDE, ALBOFLÈDE, LANTHILDE.

LE CHŒUR.

Qu'il est bon, qu'il est adorable
Le seul vrai Dieu qu'il faut servir !
A sa loi tout aimable,
Qu'il est doux d'obéir !

UNE VOIX.

C'est sa main qui relève
L'arbrisseau dont la sève
Bientôt allait tarir ;
S'il frappe, c'est un père
Dont toujours la colère
Cède au vif repentir.

UNE AUTRE.

Il prend, dans sa tendresse,
Sa part de la détresse
Dont le poids nous lassait ;
Telle on voit une mère
Goûter la coupe amère
Que son fils repoussait.

UNE AUTRE.

Il excuse qui pleure,
Il accorde à toute heure
Le pardon réclamé ;

Pardon pour lui facile,
Car il connaît l'argile
Dont l'homme fut formé !

UNE AUTRE.

Douter de sa clémence,
C'est aggraver l'offense
Envers ce Dieu d'amour ;
Il attend, il appelle,
Il poursuit le rebelle
Dont il veut le retour.

UNE AUTRE.

Il s'abaisse, il se penche ;
De l'âme pure et blanche
Il fait son paradis ;
Et s'immolant lui-même,
Il meurt pour ceux qu'il aime,
Tant son cœur est épris !

LE CHŒUR.

Qu'il est bon, etc.

CLOTILDE (*elle chante*).

Flambeaux des cieux, votre clarté si pure
N'est qu'un reflet de sa propre beauté ;
Tout ce qui parle au cœur dans la nature
Redit sa gloire et montre sa bonté !

Lui seul fournit l'armure souveraine
Qu'il faut vêtir pour demeurer vainqueur,
Dans ces combats où l'on a tant de peine
A triompher des penchants de son cœur.

C'est lui qui rend à l'épouse, à la mère,
Après la nuit, le plus brillant des sorts ;
C'est lui qui fait qu'à notre peine amère
Ont succédé d'ineffables transports !

LE CHŒUR.

C'est lui qui fait qu'à notre peine amère
Ont succédé d'ineffables transports !

SCÈNE III.

LES MÊMES, VELLÉDA.

VELLÉDA (*entrant tout à coup et sans se faire annoncer*).

Ces transports, ce bonheur que Velléda partage
M'annoncent que les dieux couronnent leur ouvrage,
Et comblent de faveur le monarque Clovis,
Fidèle adorateur d'Hélénus, Thor et Dis !

BERTRADE.

Dieu du ciel ! quel langage ! est-ce de la folie ?
Ou venez-vous ici jouer la comédie
Avec vos dieux germains doublés de dieux gaulois
Y compris ceux que Rome adorait autrefois ?
Par aucune de nous vous n'étiez attendue ;
Aussi n'êtes-vous point céans la bienvenue ;
Et dussé-je appeler sur moi votre courroux,
Vous auriez fort bien fait de demeurer chez vous.

VELLÉDA.

Jeune fille, apprenez qu'un langage aussi rude
Témoigne d'une double et noire ingratitude :
C'est outrager Clovis que d'insulter aux dieux,
Car malgré des efforts qu'on voudrait plus heureux,
Toujours de votre Christ il repousse les chaînes,
Comprenant qu'il ne doit....

CLOTILDE *(interrompant)*.

Fuyez, jeunes chrétiennes !
Fuyez jusqu'au regard que darde l'impudeur,
Osant devant Clotilde outrager le Seigneur !

VELLÉDA.

Quelqu'offensant qu'il soit, leur départ me soulage :
Ce cortége nombreux eût troublé mon message.

BERTRADE *(qui sort la dernière)*.

N'en déplaise à vos yeux, nous n'irons pas bien loin,
Et puis vous apprendrez, Madame, qu'au besoin
Les murs de ce palais ont aussi des oreilles.

VELLÉDA *(avec un geste de mépris)*.

Allez donc, je ne crains ni vous, ni vos pareilles.

SCÈNE IV.

CLOTILDE, VELLÉDA.

CLOTILDE.

J'aurais dû repousser et punir ton orgueil,
Pour avoir profané de mon palais le seuil ;

J'aurais dû réfréner l'audace sacrilége
Oui, j'aurais dû te..... Mais parle et surtout abrége,
Te gardant d'oublier que la reine prescrit
Un souverain respect au nom de Jésus-Christ.

VELLÉDA.

D'indignes procédés, qu'à bon droit je méprise,
Madame, me font voir toute votre méprise
Au sujet du grand but que je poursuis ici ;
Les intérêts du prince et les vôtres aussi,
Voilà ce qui me guide et dicte mon langage!
Il faut vous éclairer, j'en aurai le courage.
Et d'abord vous saurez que pour venir à vous,
J'ai reçu plein pouvoirs de Clovis votre époux.

CLOTILDE.

De Clovis, as-tu dit? Vraiment, j'en suis surprise ;
De soins plus importants j'ai cru son ame éprise.

VELLÉDA.

Bientôt aura cessé ce grand étonnement,
Si vous daignez, Madame, écouter un moment
Quels motif à mes pas ont servi de mobile.

CLOTILDE (*à part*).

Je sens ce qu'on éprouve à l'aspect d'un reptile !
(*Haut.*)

Eh bien! parle, sois brève et surtout garde-toi
D'insulter à mon Dieu, devant lui, devant moi...

VELLÉDA.

Ingomer n'était plus ! on sait pourquoi, Madame !

CLOTILDE.

Si Dieu dans son beau ciel a rappelé son âme,
C'est qu'à son diadème il manquait une fleur,
Il me prit mon enfant..... et malgé ma douleur
J'ai dû bénir encor sa volonté sacrée.

VELLÉDA.

Plus sensible que vous et l'âme déchirée
D'avoir cédé, facile à de coupables vœux,
Clovis comprit alors que le courroux des dieux,
Outragés par l'oubli, le mépris de leur culte,
Ne peut sans la punir laisser passer l'insulte;
Ce grand coup chassait l'ombre et ramenait le jour;
Hélas! pourquoi faut-il qu'un trop funeste amour
Soit venu replacer le bandeau sur sa vue?
Mais la foudre des dieux perçant encor la nue
Allait par ses éclats répondre à leur courroux,
Quand plus prompt cette fois à prévenir ses coups,
Clovis me fit chercher dans la forêt profonde
Où j'avais exilé mes chagrins, loin du monde;
J'y dévorais ma honte et le cruel affront
Dont sa royale main vient de laver mon front:
« Oubliez, disait-il, ma longue indifférence,
« Et de nos dieux communs arrêtez la vengeance;
« Mon Clodomir se meurt, sauvez-le, Velléda! »
J'offris un sacrifice et l'affreux mal céda!
Les dieux sont désarmés, et c'est ce qui m'oblige
A venir au palais prendre acte du prodige
Dont il faut sur-le-champ qu'on informe le roi.

CLOTILDE.

O comble d'infamie et de mauvaise foi !
Exploiter au profit des dieux de l'imposture
Un bienfait qui n'est dû qu'à cette essence pure
Dont le pouvoir s'étend par-delà tous les cieux ;
C'est lui voler sa gloire et mentir sous ses yeux !
Au reste il est trop tard pour me donner le change,
Avant toi Geneviève, ou plutôt mon bon ange,
M'a révélé d'où vient le salut de mon fils !

VELLÉDA.

Et moi je l'attribue aux dieux que sert Clovis !

CLOTILDE.

Je trouve que souvent ce nom sort de ta bouche.

VELLÉDA.

Il m'est cher, je l'avoue, et ce retour me touche.

CLOTILDE.

Si j'ai bien entendu, Clovis aurait pour toi
De coupables bontés indignes d'un grand roi !

(A part.)

A ce terrible coup me serais-je attendue ?

VELLÉDA *(à part)*.

J'ai jeté dans son cœur un serpent qui la tue !

CLOTILDE.

Oh ! si Dieu ne m'aidait lui-même à mettre un frein
Au flot qui me surmonte et soulève mon sein,

Soudain retomberait sur ta tête maudite,
La vengeance qui m'est par le Christ interdite ;
Tes dieux veulent du sang..... et le mien me prescrit
Un pénible pardon que j'accorde en dépit
De tout le mal que peut souffrir un cœur de femme !
Va donc, quitte ces lieux, pars, fuis, prêtresse in-
[fâme !

(*Elle se jette dans un fauteuil.*)

VELLÉDA.

Non ! je veux qu'il soit dit que, sans égard pour moi,
Vous avez violé le sauf-conduit du roi,
Souffrir a son prestige ; et plus la cause est belle
Plus il faut dépenser de courage et de zèle !

CLOTILDE.

Se donner pour martyre et vanter sa douleur,
Quand chacun de ses mots me déchire le cœur !

SCÈNE V.

LES MÊMES, BERTRADE.

BERTRADE (*à Clotilde*).

Madame, excusez-moi, je force la consigne.
Tant d'audace à la fin me surmonte et m'indigne !
Ah ! vous la ménagez par égard pour le roi !
Laissez, je saurai bien vous en délivrer, moi !
Madame, se vantant de faveurs mensongères,
Voudrait s'approprier le fruit de nos prières ?

Si vous ne partez pas, c'est moi qui vous le dis,
Les gardes du palais, par mes soins avertis,
Vous feront retrouver le chemin de la porte ;
Vous aurez beau crier et demander main-forte [bras
Ces Messieurs vous tiendront, Madame, et de leurs
Vos dieux sourds et muets ne vous tireront pas :
Vous pouvez éviter cette déconvenue,
Retournez aux forêts d'où vous êtes venue,
Et pour vous assurer de Teutatès l'appui,
Sous la faucille d'or faites tomber le gui.
Embrassez les genoux du génie à trois cornes,
A votre zèle ardent ne mettez point de bornes ;
Et, tenez, croyez-moi, remontez vers le nord,
Séjour du grand Saumon, qu'engendra le dieu Thor !
La France ne veut plus de ces mythologies,
De chiens, de loups sacrés, d'ases et d'asynies !
Hantez leurs pics neigeux, pour vous si pleins d'appas,
Grimpez sur la cavale aux crins blancs des frimas ;
Savourez l'hydromel dans vos coupes de glace,
Courez, buvez, gelez, et que grand bien vous fasse !
(Elle la pousse.)

VELLÉDA *(sortant).*

L'outrage qui m'est fait sera connu du roi !

SCÈNE VI.

CLOTILDE, BERTRADE.

CLOTILDE.

Ces étranges propos m'affectent malgré moi !
De son dernier regard la fureur m'épouvante !

BERTRADE.

Allons donc, méprisez cette rage impuissante.

CLOTILDE.

Eh bien! non, je ne puis maîtriser mon effroi!
Par bonheur Geneviève est là veillant pour moi.
Du reste, j'ai des torts qui font que Dieu m'afflige;
Il est tant de devoirs que ma tiédeur néglige;
Tandis que d'autres soins, en possédant mon cœur,
Ont failli me causer le plus affreux malheur...
Je sens que les secours que le pauvre réclame
N'ont point assez de part aux soucis de mon âme;
Pourtant je n'ai trouvé de réelle douceur
Qu'à remplir les devoirs que prescrit le Seigneur.
Un service avec lui porte sa récompense;
Arome délicat, parfum de l'existence,
Il en fait tout le prix aux yeux du Dieu d'amour.

BERTRADE.

Que dites-vous, Madame? Il n'est pas un seul jour
Qui soit découronné du tribut de tendresse
Que réclament de vous les cris de la détresse.
Toujours d'autres bienfaits succèdent aux passés.

CLOTILDE.

Tant qu'un malheureux souffre, on n'a point fait
[assez.

SCÈNE VII.

LES MÊMES, ELBRIDGE, AURÉLIA.

ELBRIDGE.

Une enfant toute jeune, effarée et tremblante,
Et dont nous n'avons pu rassurer l'épouvante,
Demande à se jeter, Madame, à vos genoux.

CLOTILDE.

Sans tarder d'un moment, que ne l'ameniez-vous?
(*Elbridge sort.*)
J'aurai donc le bonheur d'essuyer quelques larmes.

SCÈNE VIII.

LES MÊMES, ELBRIDGE, AURÉLIA, IDUNNA.

IDUNNA (*se jetant à genoux*).

O vous dont les vertus passent encor les charmes,
Permettez que je trouve un refuge au palais
Que mes persécuteurs ne forceront jamais!

CLOTILDE (*la relevant avec bonté*).

Je puis vous protéger; calmez-vous, je suis reine.

IDUNNA.

Me pardonnerez-vous de n'être pas chrétienne?
Ces tristes ornements vous le disent assez.

CLOTILDE.

Sans crainte, expliquez-vous, car vous m'intéressez.

AURÉLIA.

Oh! vous la secourrez, elle est si malheureuse!

IDUNNA.

Destinée à servir la prétresse fameuse
Dont le renom sans doute est venu jusqu'à vous,
J'ai d'abord partagé ses erreurs, son courroux,
Contre la grande reine et l'épouse chérie
Dont le puissant crédit allume sa furie.

CLOTILDE.

Ainsi, vous le voyez, pour elle c'était peu
De haïr isolée et Clotilde et son Dieu ;
Pour assurer son but, il lui fallait encore
Souffler dans d'autres cœurs le feu qui la dévore.

IDUNNA.

Oui, Madame, et souvent dans la sombre forêt,
Avec elle invoquant les dieux qu'elle adorait,
Sur les chrétiens de Gaule et jusque sur vous-même,
Docile à ses discours, j'appelais l'anathème !

CLOTILDE.

Hâtez-vous d'expliquer par quel moyen le ciel
A dégagé vos yeux du bandeau criminel !

ELBRIDGE.

Oui, dites-nous comment il a brisé vos chaînes !

IDUNNA.

Velléda n'invoquant que des puissances vaines,
L'espoir de plus en plus abandonnait son cœur,
Quand tout à coup parut un riche ambassadeur,

La priant de sauver une chère existence,
Promettant en retour de l'or, de l'influence,
Et tout ce qui relève un orgueil abattu.

(*Clotilde fait un geste d'indignation.*)

BERTRADE.

Madame, rappelez toute votre vertu.

IDUNNA (*continuant*).

Rendue à son audace, un moment enchaînée,
« Enfin va s'accomplir ma grande destinée »,
Cria-t-elle; « du sang! Teutatès veut du sang!
« A défaut d'étranger, de voyageur passant,
« Sous les sombres arceaux de la forêt profonde,
« A l'appel du grand roi qu'un des nôtres réponde! »
Cependant son regard sur moi s'était levé,
Et je compris le sort qui m'était réservé ;
Trop jeune, je n'avais que mes pleurs pour défense,
L'Eubage en un clin d'œil vainquit ma résistance ;
De myrthe, de verveine et de gui me couvrant,
Il m'étend sur l'autel où doit couler mon sang.

AURÉLIA.

Ah! je sens tout le mien se glacer dans mes veines.

CLOTILDE.

Il n'est que le soleil des vérités chrétiennes
Pour dissiper la nuit qui couvre l'univers.
Mais, vous, qui vous sauva des mains de ces pervers?

IDUNNA.

Velléda s'avançait pour frapper sa victime,
Quand tout à coup la foudre, éclatant sur la cime
Des vieux chênes témoins de tant d'autres forfaits,
Suspend le sacrifice, en détruit les apprêts.
Effrayée à l'aspect de ce sombre présage,
La prêtresse s'enfuit sur les pas de l'Eubage,
Et me trouvant alors libre de mes liens,
Madame, je compris que le Dieu des chrétiens
Dont j'avais en secret imploré l'assistance
Venait de me couvrir de sa toute-puissance.
Tremblant de retomber aux griffes du vautour,
Je voyageais la nuit, je me cachai le jour.

CLOTILDE.

Dites plutôt qu'un ange, un cher et doux génie
Vous gardait, pauvre enfant, sous son aile bénie!

BERTRADE.

Quand vous aurez appris le symbole chrétien,
Vous saurez ce que c'est qu'un bon ange gardien.

IDUNNA.

Je fuyais; mais pensant que j'allais être atteinte,
J'éprouvais malgré moi de tels accès de crainte,
Qu'il doit en demeurer des traces dans mes traits.
Enfin j'ai pu franchir le seuil de ce palais.

ELBRIDGE.

Et vous y trouverez la puissante tutelle
Qu'étend sur l'infortune une main maternelle,
Que la douleur jamais n'implora vainement.

IDUNNA.

J'en avais le secret et doux pressentiment.
     (*Clotilde se détourne et pleure.*)

ELBRIDGE.

Vous le voyez déjà : la grande et sainte reine,
De tous les malheureux providence certaine,
Ne peut vous refuser sa pitié, son appui.

IDUNNA.

Je viens donc l'implorer et promettre aujourd'hui
D'abjurer des faux dieux la honteuse imposture,
Pour adorer le seul qui règle la nature ;
Oui, je renonce à ceux qui s'abreuvent de sang,
Et j'adore l'ami, l'espoir de l'innocent.

CLOTILDE.

Oh ! merci, mille fois, de cette fleur charmante
Qui s'est jointe au bouquet que mon cœur vous pré-
           [sente,
Et dont j'aime à parer chaque jour votre autel,
Unique souverain de la terre et du ciel !
       (*A Idunna*).

Oui, chère enfant, comptez sur toute ma tendresse.
IDUNNA.
Et vous, sur le serment de remplir ma promesse.
(*Clotilde l'embrasse.*)

CLOTILDE (*à Elbridge et à Aurélia*).
Rejoignez avec elle, enfants, vos autres sœurs.

SCÈNE IX.

CLOTILDE, BERTRADE.

BERTRADE.
Eh bien ! que dites-vous, Madame, des horreurs
Que cache au fond des bois le culte druidique ?
Est-il rien d'aussi noir et de plus satanique ?

CLOTILDE.
Et cependant Clovis n'en est point détaché !
Oh ! que j'ai sur le cœur ce message caché !
Trahison, trahison ! mes preuves sont certaines.

BERTRADE.
Pourquoi s'ingénier à se créer des peines ?
Dieu même de Clovis va dessiller les yeux ;
Tandis qu'il se complaît à couronner vos vœux,
A ses coups Velléda ne cesse d'être en butte,
Et, l'ayant résolue, il prépare sa chute ;
Le ciel fait avorter tout ce qu'elle entreprend,
Et vous croyez la voir monter au premier rang !

2*

Voyez-la donc plutôt au pied de la muraille,
Mais vous ne regardez qu'au revers de médaille.
Un peu plus je croirais, Madame, qu'au cerveau,
Vous avez attrapé quelque coup de marteau ;
Vous prenez pour réel ce qui n'est plus qu'une ombre ;
Le ciel est tout azur et vous le voyez sombre ;
Allons donc, soyez reine, et venez endormir
Dans vos bras maternels le jeune Clodomir.

CLOTILDE.

Je te suis, mais j'emporte un trait qui me déchire.

BERTRADE.

Eh bien ! pour le moment, permettez-moi d'en rire.

ACTE TROISIÈME.

SCÈNE PREMIÈRE.
ALBOFLÈDE, LANTHILDE.

ALBOFLÈDE.

Il semble que le sort nous en veuille aujourd'hui :
Un autre ennui toujours succède à notre ennui !
Clotilde ! ô Dieu ! quels traits ont donc percé son âme ?

LANTHILDE.

Ils partent de la main de cette horrible femme,
Symbole violent d'un culte qui s'en va,
Dernier représentant d'Odin et de Frigga ;
De tous les dieux vaincus épousant la querelle,
Habile à ranimer à chauffer l'étincelle,
Hélas ! qui vit encor dans l'esprit de nos Francs,
Bien que la vérité déjà perce leurs rangs,
Elle aspire surtout à la faveur royale ;
Le trépas d'Ingomer, circonstance fatale,
Ralluma dans son cœur un espoir presque éteint ;
Par ce coup imprévu cruellement atteint,
Clovis crut au courroux des dieux de sa jeunesse,
Et pour les désarmer rappelant la prêtresse,
Que tenait éloignée un tout-puissant crédit,
Lui rendit tous les droits que pleurait son dépit.

ALBOFLÈDE.

Mais vous n'ignorez pas qu'aussitôt un saint zèle
Regagna le terrain conquis par l'infidèle.
D'où vient donc qu'aujourd'hui son audace croissant
L'introduit au palais, le front haut, menaçant?

LANTHILDE.

Malgré le sentiment qui l'attache à la reine,
Clovis n'est pas guéri de la croyance vaine
Dont nous-mêmes, ma sœur, portions le joug affreux
Jusqu'au jour où Clotilde a dessillé nos yeux :
Ce prince au cœur si fier a pourtant sa faiblesse,
Sitôt que les objets de sa juste tendresse
De quelque grand péril lui semblent menacés,
Il l'attribue aux dieux qu'il craint d'avoir blessés;
Et cette Velléda, dont s'accroît l'insolence,
Sans doute en a reçu quelque nouvelle avance,
Propre à donner l'orgueil qu'elle affecte aujourd'hui :
Voilà tout le secret de ce fatal ennui
Sous lequel s'est penché le front de notre amie.

ALBOFLÈDE.

Je comprends ce chagrin et toute l'infamie
Dont se couvre qui vient troubler l'heureux transport
De nos cœurs jouissant des délices du port.

LANTHILDE.

Ah! ce nouveau malheur est plus grand que tout autre!

SCÈNE II.

LES MÊMES, CLOTILDE.

CLOTILDE.

J'ai besoin d'épancher mon âme dans la vôtre
Et de vous avouer!... Mais, le pourrai-je, hélas!
Vos cœurs trop innocents ne me comprendront pas.
Jusqu'ici j'ai voilé la moitié de mon âme,
Ou plutôt j'ignorais ce que souffre une femme
Quand une autre à son cœur ravit un bien sacré;
A de tels coups le mien n'était pas préparé;
On aime pour toujours du moment que l'on aime.
O rêve dont longtemps je m'enchantais moi-même!
O maxime trompeuse! aurais-je cru jamais
Que le cœur de Clovis, de l'époux que j'aimais,
Enfin de ce héros que nul autre n'égale,
Me donnerait un jour une telle rivale?

LANTHILDE.

Clotilde, calmez-vous, il s'agit d'une erreur,
D'un écart de raison qui n'atteint pas son cœur.
Vous en êtes toujours seule et digne maîtresse.
Et quand il serait vrai qu'un reste de faiblesse
Pour les dieux qu'adorait le sauvage Germain
L'aurait, pour un moment, détourné du chemin,
Que devant lui traçait une épouse chérie,
Sitôt qu'il connaîtra l'insolence inouïe

Qui prend pour amitié l'office de quelque appui,
Vous verrez son courroux....

CLOTILDE.

Je comprends aujourd'hui
Pourquoi tous ces retards à remplir sa parole.
Il devait, disait-il, adoptant mon symbole,
Et pour mettre son cœur d'accord avec le mien,
Joindre au titre de roi celui de très-chrétien ;
De quel droit retient-il ce précieux douaire ?

ALBOFLÈDE.

Ah! vous faites injure au cœur de notre frère ;
Il est trop généreux, Clotilde, croyez-moi,
Pour ne point accomplir sa parole de roi !

LANTHILDE.

Chassez de votre esprit tous ces nuages sombres,
Restez notre soleil, toujours dégagé d'ombres.
Le jeune Clodomir, qu'il vous devra deux fois,
Remettrait l'infidèle, au besoin, sous vos lois.
Ce fils qu'il aime tant, Clotilde, c'est le vôtre,
Et même en admettant qu'un moment pour un autre...
Oui, même en supposant ce qui n'existe pas,
Les vertus sont les seuls et durables appas
Qui rendent sur un cœur la femme souveraine.

CLOTILDE.

Non, non, dites plutôt que ma puissance est vaine;
Que même en supposant quelque crédit en moi,
Je n'ai plus l'heureux don de captiver le roi.

Mon cœur de prime abord a percé le mystère.
J'ai tout lu dans les yeux de cette femme altière,
Ses discours, ses aveux, son regard, sa fierté,
Tout me prouve à l'excès l'affreuse vérité.
Sans des gages certains de la faveur royale,
Viendrait-elle poser en superbe rivale
De celle qui jadis enchaîna la fureur,
Qui me brave aujourd'hui sans crainte et sans pudeur?
Mais, que dis-je? je puis... car je suis encor reine...

ALBOFLÈDE.

Madame, oubliez vous que vous êtes chrétienne?
De grâce, pardonnez si j'ose en ce moment
Rappeler à ma sœur son propre enseignement :
Vous nous disiez parfois : Insensé qui se fonde
Sur le sable mouvant qui s'appelle le monde :
Les plus fermes n'y sont que de frêles roseaux
Qu'arrache la tempête et qu'emportent les flots;
S'appuyer sur Dieu seul c'est devoir et sagesse.

CLOTILDE.

Je devrais, je le sens, rougir de ma faiblesse;
Mais à qui mieux qu'à vous pouvais-je m'adresser
Pour arracher ce trait ou du moins l'émousser?
(*Lanthilde et Alboflède lui baisent les mains.*)

ALBOFLÈDE.

Pauvre sœur !

LANTHILDE.

Chère amie!

SCÈNE III.

LES MÊMES, BERTRADE, ELBRIDGE, AURÉLIA, CLAUDIA, CALLISTA.

BERTRADE.

O crime épouvantable !
O projet le plus noir et le plus exécrable !
Clodomir périssait sans un secours du Ciel !

ELBRIDGE.

Sans lui l'enfer perçait votre cœur maternel.

CLAUDIA.

Oui, sans lui, Clodomir allait être victime
D'un breuvage mortel apprêté par le crime,
Qui déjà l'épanchait de sa perfide main.

CLOTILDE.

Mais vous ne dites pas le nom de l'assassin ?
Ah ! je l'ai deviné, c'est elle, cette femme...
Velléda...

LANTHILDE *et* ALBOFLÈDE.

Quelle horreur !

AURÉLIA.

Vous dites vrai, Madame.

CLOTILDE.

Qu'en a-t-on fait ? Où donc est-elle en ce moment ?
Je veux qu'on me l'amène... Il faut absolument

Que sous mes propres yeux le bourreau la déchire!
Par d'horrible tourments j'ordonne qu'elle expire;
Ainsi seront punis d'un seul coup trois forfaits
Qu'il ne faut excuser ni pardonner jamais :
Son culte, son amour et sa soif meurtrière
Du sang de cet enfant dont elle hait la mère!
Me serais-je attendue à cet horrible trait!
Répondez donc enfin, dites, qu'en a-t-on fait?

BERTRADE.

Accourus à nos cris, les gardes l'ont saisie.

CLOTILDE.

Je puis donc disposer de sa coupable vie.

CALLISTA.

Elle est entre vos mains.

CLOTILDE.

Quel bras a détourné
Le breuvage mortel à mon fils destiné!
Ah! je devine encor! l'ange qui me protége,
Geneviève a brisé la coupe sacrilége.

ELBRIDGE.

Oui, Madame, au moment où déjà s'épanchait
Le poison foudroyant que Velléda cachait.

CLAUDIA.

Mais entr'elle et l'enfant Geneviève élancée
Du geste et du regard l'a soudain terrassée.

BERTRADE.

Le monstre se tordait comme un tigre blessé
Par un trait dans ses flancs tout à coup enfoncé.

LANTHILDE.

Ainsi toujours un ange au moment de l'orage
L'écartant de ses mains dissipe le nuage.

ALBOFLÈDE.

Ainsi toujours le ciel prévenant d'affreux coups,
Par cette chère main, les fait avorter tous.

CLOTILDE.

Grand Dieu! sauvez mon fils d'une nouvelle atteinte!

CALLISTA.

Il est sous bonne garde, allez, soyez sans crainte :
Le serpent de ses nœuds ne peut plus l'enlacer.

CLOTILDE.

Ah! je cours sur mon sein mille fois le presser;
Mais, non, je dois d'abord assurer ma vengeance,
Puis moi-même, exerçant active surveillance,
Je serai là toujours près de mon bien-aimé,
M'enivrant des parfums de son souffle embaumé;
Mais il faut avant tout que la garde m'amène
Celle qui doit tomber sous les coups de ma haine.
Oh! que je vais jouir du juste châtiment...!

SCÈNE IV.

LES MÊMES, GENEVIÈVE.

GENETIÈVE.

Clotilde, suspendez votre ressentiment;

Avant de la frapper daignez au moins m'entendre.
CLOTILDE.
Gardienne de mon fils! oh! laissez-moi vous rendre
L'hommage mérité par d'insignes bienfaits
Et tels que ma parole impuissante à jamais
N'en saurait exprimer la grandeur véritable :
Ils ouvrent dans mon cœur la source inépuisable
D'éternels sentiments qui ne sauraient faillir
A qui me rend un fils deux fois près de périr!
GENEVIÈVE.
Son égide c'est Dieu, dont l'amour le conserve!
Mais que tant de bonté, que tant d'amour vous serve
A ne plus oublier, Clotilde, quel grand fruit
Doivent porter l'épreuve et l'effet qui la suit.
Par des moyens divers Dieu travaille à sa gloire...
Je viens vous proposer une grande victoire...
Pour cela j'ai besoin d'être seule avec vous.
BERTRADE (*en s'éloignant*).
C'est dire poliment : Mesdames, laissez-nous!
(*Se rapprochant.*)
Soyez ferme à ce coup et que la prisonnière
Subisse un châtiment mémorable, exemplaire.
(*Elles sortent.*)

SCÈNE V.
CLOTILDE, GENEVIÈVE.
CLOTILDE.
Excepté sur un point réservé dans mon cœur,
Vous obéir en tout c'est pour moi du bonheur.

GENEVIÈVE.

Mère parfaite, grande et magnifique reine,
Ma Clotilde n'est point encore assez chrétienne ;
Vous donnez trop de place au sentiment humain
Dans ce cœur que l'épreuve a broyé sous sa main.
Je le sais et je prends grande part à la peine.
De votre âme que Dieu veut rendre souveraine
D'elle-même, du monde et de ses préjugés ;
Je sais que Velléda...

CLOTILDE.

Geneviève, changez
Le sujet d'un discours que je ne puis entendre.
J'ai promis, voyez-vous, s'il se peut, de lui rendre
Tous les traits, tout le mal, dont mon cœur a souf-
[fert
Par ce monstre échappé des gouffres de l'enfer.

GENEVIÈVE.

Ainsi donc oubliant votre rôle sublime,
Vous descendez du rang...

CLOTILDE.

Je venge un triple crime !
Oh ! ne l'excusez pas, vous, mon premier témoin !

GENEVIÈVE.

J'observe seulement que l'Eternel prend soin
De qui met en lui seul toute sa confiance ;
Qu'il veut le sacrifice et non pas la vengeance,
Enfin qu'il vous déclare aujourd'hui par ma voix
Que votre Clodomir, qu'il a sauvé deux fois,

Restera désormais sous l'unique tutelle
Dont pourra le couvrir la main d'une mortelle,
Faible pour repousser tant de coups imprévus
Quand le ciel se retire et ne la soutient plus.

CLOTILDE.

Oh! que vous savez bien ce qui dompte une mère!
(*Elle s'assied.*)

GENEVIÈVE.

Jusqu'à vous désoler je veux être sincère;
Je blesse pour guérir. Ecoutez si jamais
Ce Clodomir chéri, fils de tant de souhaits,
Qu'entoure avec transport l'étreinte maternelle
De Clotilde égarée épousant la querelle,
Et rallumant encor un funeste flambeau,
Poursuivit en ses fils les torts de Gondebaud,
Sous les coups répétés d'une horrible tempête...

CLOTILDE.

Grand Dieu, détournez-en les éclats de sa tête.

GENEVIÈVE.

Il ne tient qu'à vous seule et de les prévenir
Et de rendre sereins les jours de Clodomir;
Sur vous-même aujourd'hui remportez la victoire
Et la plus difficile et la plus méritoire;
Qu'à tout ressentiment votre cœur étranger
Ne charge que Dieu seul du soin de vous venger.

CLOTILDE.

Oh! vous êtes pour moi jusqu'à l'excès sévère!

GENEVIÈVE.

J'ai compris tout d'abord votre juste colère,
Qu'excuse ma constante et sincère amitié.
J'en sais tous les motifs... dont l'un me fait pitié !
Vous, Clotilde, descendre au rôle d'une femme
Soupçonneuse et jalouse?.... Ah ! que votre grande âme
S'élève et plane haut sur ces puérils chagrins
Qui ne sont éprouvés que par des cœurs mesquins
Dont l'espoir tout entier repose sur la terre.

CLOTILDE.

J'ai du moins à punir l'horrible meurtrière !

GENEVIÈVE.

Remarquez cependant qu'un crime projeté
Ce n'est pas tout à fait un crime exécuté....

CLOTILDE.

Joignez à ce forfait la propagande infâme
Du culte des faux dieux qu'adore cette femme.

GENEVIÈVE.

Loin de verser le sang infidèle et païen
Notre modèle a tous n'a versé que le sien !
Persécuter l'erreur ce n'est pas la détruire...
Ne tachez pas de sang le glorieux empire
Qu'exercera bientôt le nom de Jésus-Christ :
Méritez en brisant l'orgueil de votre esprit
Et ces retours fâcheux d'origine barbare,
Le brillant avenir que Tolbiac prépare !
Que vois-je? nos soldats, un moment ébranlés,
Par la voix de leur chef au combat rappelés,

S'avancent en serrant le front de leur bataille,
Redoutable, effrayante et mobile muraille,
Que domine et conduit le regard de Clovis,
Et qui sème la mort dans les rangs ennemis.
On dirait que la foudre, aux éclats homicides,
Achève le désert dans ces rangs presque vides;
Et puis, c'est votre époux, les yeux levés au ciel,
Reconnaissant qu'il doit sa gloire à l'Eternel.
Aux vœux que vous formez il promet de se rendre.
Ah! je vois s'incliner le superbe Sicambre,
Et l'évêque Remy versant les flots sacrés
Sur des milliers de Francs soumis, régénérés.

CLOTILDE.

O vous, ma plus sincère et ma plus tendre amie,
Oui, vous serez en tout et toujours obéie.
L'avenir que m'annonce une haute raison,
Et que je vois déjà blanchir à l'horizon,
Combien de fois sans vous, infidèle à mon rôle,
En aurais-je obscurci l'éclatante auréole!

GENEVIÈVE.

Et ce bel avenir je puis vous l'annoncer
Certain comme le fait qui vient de se passer.
J'entends déjà les pas de qui vient vous l'apprendre.

SCÈNE VI.

LES MÊMES, BERTRADE, ELBRIDGE, AURÉLIA, CLAUDIA, CALLISTA.

BERTRADE.

Le crime s'est puni; le monstre a su se rendre

Justice; Velléda, d'un poignard se frappant,
Gît au fond du cachot qu'elle a teint de son sang.

ELBRIDGE.

Qu'ainsi puissent périr les ignobles séides
Que l'enfer a conçus dans ses flancs homicides!

AURÉLIA.

Qu'ainsi puissent périr l'impie et l'assassin,
Et tout monstre qui cache un perfide dessein.

CLAUDIA.

Les méchants font toujours une fin déplorable;
Ah! si du moins leur sort, leur chute épouvantable
Guérissait de leur mal tant d'aveugles comme eux!

CALLISTA.

Qu'ont-ils en perspective? un nuage orageux,
D'où s'échappe bientôt la foudre vengeresse?

BERTRADE.

Jamais coup n'a frappé plus de scélératesse.

GENEVIÈVE.

Bertrade, c'est assez, couvrons d'un voile épais
Ce cadavre, et laissons à la mort ses secrets.
Qu'un hymne triomphal célèbre la victoire
Que vient de remporter en se couvrant de gloire,
Aux champs des Tolbiac le monarque des Francs,
Et que toutes vos sœurs prennent part à vos chants!

CLOTILDE.

Allez les prévenir que la reine les mande.

(Bertrade sort.)

SCÈNE VII.

CLOTILDE (*continuant*).

Quel assez pur encens, quel assez digne offrande
Pourra jamais payer ce que mon cœur vous doit,
Eternel, seul vrai Dieu, vous dont le puissant doigt,
Avec force et douceur dirige toutes choses,
Vous qui faites sortir souvent de faibles causes,
Aussitôt qu'ils sont mûrs, d'admirables effets ;
Seul vous pouvez comprendre et peindre vos bienfaits

(*à Geneviève*).

Cher ange dont la voix jamais ne m'a flattée,
Qui m'avez si souvent de l'abîme écartée,
Dictez jusqu'aux accents que je dois au Seigneur
Pour tout le dévouement qu'il mit dans votre cœur.
Oh ! de grâce puisez dans la source abondante
De nos livres sacrés quelqu'image touchante,
Prélude inspirateur de nos propres accents.

GENEVIÈVE.

Puisque vous y tenez, eh bien! soit, j'y consens.

SCÈNE VIII.

LES MÊMES, ALBOFLÉDE, LANTHILDE
et BERTRADE (*conduisant le chœur*).

GENEVIÈVE (*après que toutes ont pris place*).

Lorsqu'exilé loin d'une terre ingrate,
Un saint prophète, accablé de douleur,
Errait pensif sur les bords de l'Euphrate
Où l'enchaînait un barbare vainqueur,

Dieu le saisit et, d'un élan rapide,
Le transporta dans un sombre désert,
Champ du trépas, silencieux, aride,
D'affreux débris tout entier recouvert.....

Et Jéhova : « Crois-tu que ces ruines,
« Ces os flétris revivront à ma voix? »
— « Seigneur, je sais qu'à vos forces divines
« Tout est soumis, tout reconnaît vos lois ;
« Eh! bien, soufflez, soufflez, esprit de vie,
« De ces débris ranimez la pâleur ;
« Que tous ces morts reprennent l'énergie
« Qu'ils possédaient au temps de leur splendeur!»

Il dit : soudain du sein de la poussière
Jaillit, se meut, tout un peuple surpris
De respirer, de revoir la lumière,
Et de fouler les gazons refleuris.
De ces cœurs pleins de sève et d'existence,
Un cri d'amour pénétrant jusqu'au ciel,
Porte l'encens de leur reconnaissance
Au pied du trône où siége l'Eternel.

Et maintenant pourquoi de ces emblèmes
Ai-je évoqué l'antique souvenir?
Oh! c'est qu'ici nous allons voir nous-mêmes
Un sol désert sous nos pas tressaillir;
Oh! c'est qu'ici le deuil et les ruines
Vont s'effacer au souffle créateur,
Et que déjà les semences divines
Ont enfanté tout un peuple au Seigneur.

CLOTILDE.

Gloire à Dieu !

LANTHILDE.

Gloire aux Francs !

ALBOFLÈDE.

Honneur à qui les guide.

GENEVIÈVE.

La France désormais c'est l'immortelle égide
Du droit et de la foi par elle triomphants.
Fut-il jamais sujet plus digne de nos chants ?

CLOTILDE (*elle chante*).

Dieu, par leurs bras signalant sa puissance,
A de nos Francs illustré le destin,
Et pour ouvrir l'ère d'or qui s'avance,
Il se choisit un autre Constantin.
Rentre aux enfers, sombre et fatal génie,
Semant la nuit et la mort sous tes pas ;
Brise tes dards : ta puissance est finie.
Place au flambeau qui ne s'éteindra pas.

LE CHŒUR.

Rentre aux enfers, etc.

CLOTILDE.

Comme un éclair qui précède la foudre,
Pour indiquer où doit tomber la mort,
Satan, qui voit ses autels mis en poudre,
Tente un suprême et redoutable effort.
Mais la victoire achevant un ouvrage

Où Dieu voulait le concours de nos preux,
A refoulé pour jamais le nuage,
Et mis le comble au plus cher de nos vœux.

LE CHŒUR.

Mais la victoire, etc.

CLOTILDE.

Pays si fier d'être appelé la France,
Sois aussi fier du titre de chrétien;
Qu'il brille égal à celui de vaillance
Que tes héros te méritent si bien.
Oui, que toujours le faible et la victime,
Criant à toi comme on crie au Seigneur,
Trouvent ton bras prêt à punir le crime
Et ta bannière au chemin de l'honneur !

LE CHŒUR.

Oui, que toujours, etc.

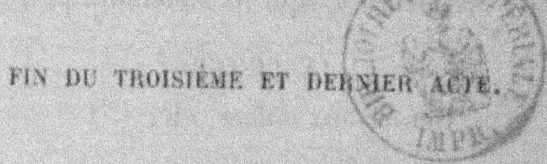

FIN DU TROISIÈME ET DERNIER ACTE.

Poitiers.— Typographie et stéréotypie OUDIN.

LA RELIGION EN ACTION

DRAMES.

1re SÉRIE COMPRENANT :

1° **Moïse sauvé des eaux**, Drame en trois actes, in-18, broché. » 60
2° **La Fille de Jephté**, Drame en trois actes, in-18, broché. » 60
3° **Anna la Prophétesse. — Les Bergères de la Palestine au temps du Messie**, Pastorales, in-18, broché. » 60
4° **Eustache, martyr**, Drame en trois actes, in-18, broché. » 60
5° **Lucie, vierge et martyre**, Drame en trois actes, in-18, broché. » 60
6° **Clotilde ou la Conversion des Francs**, Drame en trois actes, in-18, broché. » 60
7° **Pélage ou la Croix affranchie**, Drame en cinq actes, in-18, broché. » 80
8° **Ingelburge ou l'Épouse chrétienne**, Drame en trois actes, in-18, broché. » 60

AVIS DE L'ÉDITEUR.

Pour être essentiellement morales et religieuses les pièces qui précèdent n'en offrent pas moins une lecture aussi attrayante qu'elle est instructive.

Le plus grand soin ayant présidé au choix des sujets et à l'ordonnance des rôles, ces drames peuvent être joués dans les maisons d'éducation où l'on a conservé l'usage de ces sortes d'exercices.

C'est qu'effectivement rien n'est plus propre à rehausser l'intérêt qui s'attache aux diverses solennités scolaires. Désireux de joindre autant que possible l'utile à l'agréable, *utile dulci*, comme dit l'adage antique, l'auteur s'est principalement inspiré des modèles si chers à la jeunesse : FÉNELON et RACINE.

Poitiers. — Typographie et stéréotypie OUDIN.

www.ingramcontent.com/pod-product-compliance
Lightning Source LLC
LaVergne TN
LVHW021734080426
835510LV00010B/1245